Preceitos conjugais

O livro é a porta que se abre para a realização do homem.

Jair Lot Vieira

PLUTARCO

PRECEITOS CONJUGAIS

TRADUÇÃO, INTRODUÇÃO E NOTAS
MARIA APARECIDA DE OLIVEIRA SILVA
Graduada em História, Mestre em História Econômica
e Doutora em História Social (USP)
Pós-Doutora em Estudos Literários (UNESP)
Pós-Doutora em Letras Clássicas (USP)

Copyright da tradução e desta edição © 2019 by Edipro Edições Profissionais Ltda.

Título original: *Advice to Bride and Groom. Moralia.* v. II. Traduzido do grego a partir da tradução de Frank Cole Babbitt, publicada pela Cambridge, Harvard University Press, em 2005.

Todos os direitos reservados. Nenhuma parte deste livro poderá ser reproduzida ou transmitida de qualquer forma ou por quaisquer meios, eletrônicos ou mecânicos, incluindo fotocópia, gravação ou qualquer sistema de armazenamento e recuperação de informações, sem permissão por escrito do editor.

Grafia conforme o novo Acordo Ortográfico da Língua Portuguesa.

1ª edição 2019

Editores: Jair Lot Vieira e Maíra Lot Vieira Micales
Coordenação editorial: Fernanda Godoy Tarcinalli
Tradução, introdução e notas: Maria Aparecida de Oliveira Silva
Revisão: Brendha Rodrigues Barreto e Márcia Men
Diagramação e Arte: Ana Laura Padovan

Dados Internacionais de Catalogação na Publicação (CIP)
(Câmara Brasileira do Livro, SP, Brasil)

Plutarco.
    Preceitos conjugais / Plutarco ; tradução, introdução e notas Maria Aparecida de Oliveira Silva. – São Paulo : Edipro, 2019.

    Título original: Γαμικὰ παραγγέλματα.

    ISBN 978-85-521-0040-9

    1. Filosofia grega antiga I. Silva, Maria Aparecida de Oliveira. II. Título.

18-18591   CDD-180

Índice para catálogo sistemático:
1. Filosofia grega antiga : 180

São Paulo: (11) 3107-4788 • Bauru: (14) 3234-4121
www.edipro.com.br • edipro@edipro.com.br
@editoraedipro   @editoraedipro

Sumário

Introdução, 7

Preceitos conjugais, 27

Bibliografia, 73

Introdução

Os tratados de Plutarco são conhecidos por seu conteúdo pedagógico, visto que é evidente a intenção de Plutarco em ensinar seu ouvinte/leitor[1] a respeito do tema que desenvolve. As reflexões de Plutarco destacam-se pela atualidade de suas temáticas, bem como pela pertinência de boa parte de sua argumentação, claramente pautada em ensinamentos filosóficos da Escola Grega, com particular apreço por Platão e influências de Aristóteles nas temáticas desenvolvidas por este filósofo, como os seus tratados sobre a amizade[2]. Não por acaso Plutarco é um autor

---

[1] Utilizamos essa expressão por Plutarco ter lido parte de sua obra em público, especialmente em Roma, como parte de suas lições sobre Retórica, Filosofia etc.; portanto, por ter tido ouvintes, além de leitores.

[2] Tratados de Plutarco já publicados por esta Coleção, com tradução, introdução e notas de Maria Aparecida de Oliveira Silva: *Como distin-*

muito lido na Europa, tendo sido consultado desde o século XVI como uma espécie de livro de autoajuda da burguesia europeia, e até hoje é considerado o *Educador da Europa*[3].

A perspectiva pedagógica de Plutarco se mantém em seu tratado sobre o casamento, *Preceitos conjugais* ou Γαμικὰ παραγγέλματα (*Gamikà parangélmata*). Neste escrito Plutarco discorre sobre o casamento e o seu funcionamento, tendo como objetivo mostrar a utilidade da filosofia na vida cotidiana com um recorte na questão do casamento, da união entre um homem e uma mulher. Tal como sempre o fez, Plutarco demonstra sua intenção de relacionar a filosofia com a realidade, para que essas não pareçam distantes, mas complementares. Depois de findar sua escrita, Plutarco oferece-a como presente aos recém-casados Poliano e Eurídice. Esta é filha de Cléo, sacerdotisa e sua amiga quando Plutarco desempenhou a função de sacerdote em Delfos, e Poliano é filho de Soclaro, um amigo íntimo de nosso autor. Poliano também foi aluno de Plutarco, como podemos ler a seguir:

---

guir o bajulador do amigo (2015); *Como tirar proveito dos seus inimigos* (2015); e *Da abundância de amigos* (2016).

[3] Um exemplo disso são as *Atas do Congresso Plutarco Educador da Europa, 11 e 12 de novembro de 1999* (Coimbra: Fundação Eng. António de Almeida, 2002.), que José Ribeiro Ferreira coordenou, onde lemos diversos textos sobre a influência de Plutarco na produção intelectual europeia no sentido de ser a base para o seu contato com a produção literária de autores gregos e romanos, com ênfase na parte grega.

Depois da lei pátria, com que a sacerdotisa de Deméter estabeleceu a harmonia entre vós que fostes unidos pelo casamento, penso também que o presente tratado, que atua em consonância convosco e celebra ao mesmo tempo o vosso himeneu, poderia tornar-se um tanto útil e afinado com o costume. (*Preceitos conjugais*, 138B)

Então, Plutarco presenteia seus recém-casados discípulos Poliano e Eurídice com este breve escrito, com uma introdução seguida por quarenta e oito anedotas, episódios, aforismos, e uma conclusão. Por seu conteúdo filosófico-pedagógico, o tratado traz reflexões, a partir de breves episódios, sobre como o marido e a mulher devem proceder para que tenham um relacionamento harmônico:

> mas dentre os muitos e belos tratados que compõem a filosofia, este referente ao casamento não é em nada menos digno de atenção, com o qual a filosofia enche de encanto aqueles que dirigem suas vidas para o mesmo objetivo, tanto lhes proporciona temperamentos dóceis, como amabilidades uns com os outros. Portanto, dentre os assuntos que já ouvistes muitas vezes nos momentos em que tivestes contato com a filosofia, tendo disposto os tópicos importantes em breves comparações, para que fossem recordados com mais facilidade, envio a ambos um presente em comum [...]. (*Preceitos conjugais*, 138B-C)

Convém ressaltar o uso de vocábulos que nos remetem ao universo da música, associando o relacionamento afetivo do casal a uma harmonia musical, na qual ambos devem estar em perfeita harmonia para soarem bem juntos. Vejamos, por exemplo, o uso do verbo no tempo aoristo[4] ἐφήρμοσεν (*ephḗrmosen*)[5], para afirmar que Deméter "harmonizou", "adaptou", "ajustou" marido e mulher no casamento. A associação com a música permanece ainda nesta afirmação: "τὸν λόγον ὁμοῦ συνεφαπτόμενον ὑμῶν καὶ συνυμεναιοῦντα (*tòn lógon homoû synephaptómenon hymōn kaì synymenaioûnta*)", que optamos por traduzir como "também que o presente tratado, que atua em consonância convosco e celebra ao mesmo tempo o vosso himeneu" (138B). Durante a celebração do enlace matrimonial, existe o momento em que se tocam os epitalâmios, canções cantadas pelo coro, para acompanhar a procissão que cortejava a noiva de sua casa à do noivo, onde era celebrado o rito de casamento. Em resumo, a música é um elemento importante na celebração de um casamento.

---

[4] Tempo equivalente ao nosso pretérito perfeito.

[5] Verbo cujo presente é ἐφαρμόζω (*epharmózō*), que significa "ajustar", "adaptar", "estar em harmonia com algo", conforme o *Dicionário Grego-Português* ε-ι. Coordenado por Daisi Malhadas, Maria Celeste Consolin Dezotti e Maria Helena de Moura Neves. Cotia: Ateliê Editorial, 2007.

Plutarco utiliza termos relacionados à música não somente para traçar um paralelo entre o casal e a harmonia musical, mas porque o momento também requer uma celebração musical: o himeneu. Portanto, as associações musicais atuam como lembranças mnemônicas do momento em que ambos uniram suas vidas por meio do casamento, e a necessidade de que ambos convivam em harmonia, transmitindo-a em sua convivência, como a música do casal, um himeneu que se perpetua pela harmonia das notas e pela união duradoura de um par harmônico.

No entanto, a música não é o único elemento necessário para a vida feliz no casamento, é preciso que o casal tenha presente a filosofia, que o marido se preocupe em ensinar preceitos filosóficos à sua esposa legítima. Em razão disso, após dizer que o tratado é um presente para Poliano e Eurídice Plutarco, escreve:

> desejando que as Musas estejam presentes e cooperem com Afrodite, porque nem uma lira nem uma cítara têm seus acordes mais harmonizados por elas que a harmonia musical do casamento e do lar, que é conveniente prover por meio do diálogo, da harmonia e da filosofia. (*Preceitos conjugais*, 138C)

A harmonia musical tão cara à filosofia platônica aparece neste tratado plutarquiano como um dos pontos principais para a sustentação de um casamento. Outro aspecto interessante é o uso do diálogo, um elemento claramente platônico, portanto um expediente filosófico, integra o segundo elemento considerado importante para a vida feliz dos casados. Por fim, temos a filosofia propriamente dita. Como dissemos no início, Plutarco constrói sua narrativa valorizando o pensamento filosófico, demonstrando como este atua na solução de questões práticas e o quanto é útil em nossas vidas. No entanto, a harmonia do casal não provém somente "do diálogo, da harmonia e da filosofia", mas também necessita da religião:

> A mulher não deve ter amigos particulares, mas ter amigos comuns aos do seu marido; os deuses são os seus primeiros e os maiores amigos. Por isso, convém à mulher legítima conhecer os únicos deuses que o seu marido considera venerar, e trancafiar as portas de sua casa para os cultos ocultos e as superstições estrangeiras. Pois nenhum dos deuses sente-se agradado com oferendas secretas e ocultas feitas por uma mulher. (*Preceitos conjugais*, 140D)

Sob essa perspectiva, Plutarco alia filosofia e religião ao seu pensamento sobre a convivência do homem com a mulher no casamento, como se a filosofia cuidasse do corpo e a religião tratasse da alma, em uma união completa e indissociável entre a matéria e o espírito do casal. Com esses conhecimentos, Plutarco julga possível que cada um pense na sua participação para a harmonia do casal, assim, recomenda à mulher que:

> Platão[6] diz que a cidade é feliz e próspera enquanto ouve "o meu e o não meu" sendo proferido em raras ocasiões, devido aos cidadãos utilizarem em comum, na medida do possível, as coisas que são mais dignas de atenção. E deve-se muito mais retirar tal modo de expressão do casamento. Exceto, tal como os médicos dizem que os golpes do lado esquerdo do corpo causam impacto nos membros do seu lado direito, assim também a mulher deve sentir as mesmas coisas que o seu marido e o marido, as da sua mulher, a fim de que, tal como elos dos grilhões entrelaçados uns aos outros adquirem força, do mesmo modo, porque oferecem a correspondente afeição um ao outro, a sua união salva a ambos. Pois também a natureza mistura-nos através dos nossos corpos, a fim de que, depois de pegar uma parte de cada um deles e fundir em algo comum a ambos, devolva o que foi gerado, de modo que nenhum deles se separe nem seja dividido no que é particular ou do outro. (*Preceitos conjugais*, 140D-F)

---

[6] Filósofo ateniense, 429-347 a.C., conhecido por seu método dialético exposto na forma de diálogos. Em 387 a.C., fundou a Academia, primeira escola filosófica da Grécia antiga, cujo nome homenageia Academo e fica localizada em um bosque que abrigava o túmulo desse herói, conhecido por ter revelado aos Dióscoros o lugar onde Teseu havia escondido Helena após raptá-la de Esparta.

É interessante ressaltar o paralelo que Plutarco estabelece entre a cidade e o casamento, quando cita a concepção de cidade ideal platônica. Nosso autor demonstra que enxerga a cidade como um coletivo de famílias, estas constituídas por meio de casamentos. Portanto, cuidar da relação afetiva, do modo como o homem e a mulher se relacionam no casamento, proporciona a continuidade da cidade por meio da procriação e da educação de sua prole. Para Plutarco, a educação de uma criança é um processo, um ato contínuo que requer a dedicação do aprendiz. A boa origem, que está relacionada à natureza, é apenas um indicativo de que a educação encontrará um terreno fértil em que o semeador encontrará as condições ideais para o seu cultivo. No entanto, como na agricultura, é preciso que o semeador esteja atento aos afazeres necessários para que essa semente se desenvolva e passe a dar bons frutos. Assim, o autor argumenta: "A terra é boa por natureza; mas, se descuidada, é improdutiva e arruinada" (*Da educação das crianças*, 2D)[7].

O mais interessante é perceber que Plutarco não valoriza apenas a educação formal como algo crucial para a formação do caráter da criança; o laço afeti-

---

[7] Plutarco. *Da educação das crianças*. Tradução, introdução e notas de Maria Aparecida de Oliveira Silva. São Paulo: Edipro, 2015.

vo entre a mãe e o filho revela-se fundamental nesse processo:

> as próprias mães devem alimentar seus filhos e que os amamentem; elas os alimentarão do modo mais compassivo e atencioso, como se do íntimo, como se diz, desde as unhas, amassem seus filhos. As amas de leite e as amas têm falsa e fingida benevolência, porque gostam do salário. (*Da educação das crianças*, 3C)

A preocupação com o casamento e tudo que o envolve é manifesta em outros tratados de Plutarco, como podemos ver nos passos a seguir:

> Vê, em relação aos casamentos, o quanto são conformes à natureza entre os animais.
> Primeiro, não está submetido às leis do celibato e do casamento tardio, como os cidadãos de Licurgo[8] e de Sólon[9], nem concede desonra ao sem-filhos, nem per-

---

[8] Legislador espartano, século VII a.C., conhecido por ter implementado um conjunto de leis denominado Grande Retra, que os espartanos acreditavam ter sido ditado pelo oráculo de Delfos. Para mais detalhes sobre o legislador e suas leis, consultar: Plutarco, *Vida de Licurgo* e *Vida de Sólon*, XVI, 2, e Xenofonte, *A Constituição dos Lacedemônios*. Consultar ainda: SILVA, Maria Aparecida de Oliveira. *Plutarco historiador: análise das biografias espartanas*. São Paulo: Edusp, 2006.

[9] Legislador e poeta ateniense, século VI a.C. Sobre ele, há uma biografia plutarquiana; ler Plutarco, *Vida de Sólon*. Também podemos colher informações a seu respeito em *Constituição de Atenas*, de

segue as honras dos três filhos – como muitos romanos casam e procriam, não os têm para que tenham herdeiros, mas para poderem herdar.

Depois, a relação sexual do macho com a fêmea não ocorre o tempo inteiro; pois não tem como fim o prazer, mas a fecundação e a procriação; (*Do amor aos filhos*, 493E)

A partir da leitura deste pensamento plutarquiano, notamos que Plutarco segue uma tradição legislativa grega, cujos modelos principais são os legisladores Licurgo de Esparta e Sólon de Atenas. Ao mostrar antes que o casamento é assunto digno da filosofia, e agora que também é assunto legislativo da cidade, Plutarco traça uma sucessão de causas e efeitos para a formação de uma unidade política que necessita da unidade, leia-se, do cidadão, que, antes de pertencer à cidade, é membro de uma unidade familiar, formada por indivíduos distintos, que devem buscar a harmonia em sua convivência e estendê-la para o plano citadino. Portanto, a correlação entre filosofia, política e religião existe nesta nova fase da vida humana que é a do casamento, da constituição de uma família e da formação de um cidadão.[10] Pois

---

Aristóteles, e através de seus próprios poemas e fragmentos deles remanescentes em nosso tempo.

[10] Todos os valores citados são estudados pela tradição literária grega, que revela o respeito de Plutarco pelo conhecimento acumulado pelos

o casamento é um ato de amor, mas também é um ato cívico:

> Mas deve aborrecer-se principalmente com a condição de solteiro e a falta de filhos do irmão, exortando-o e censurando-o de todas as maneiras para que contraia casamento e que atue em conformidade com os costumes das alianças matrimoniais; e quando tiver filhos, tanto ser mais visivelmente benevolente com seu irmão como honrar a sua mulher; e ser generoso com seus filhos, tal como fossem os seus próprios, e ser mais gentil e doce, para que quando cometerem algum erro da natureza dos jovens, não fujam nem sucumbam por causa do medo do pai ou da mãe, indo para o lado de companhias vulgares e sem valor, mas que tenham um recurso e um refúgio, ao mesmo tempo, tenham a compreensão pela benevolência e pelo perdão. (*Do amor fraterno*, 491E-F)

Depois de ter exposto a finalidade de seu tratado e a quem ele se destina, Plutarco inicia sua argumentação, de cunho prescritivo e didático, sobre como o jovem casal deve se comportar um com o outro para que atinjam a felicidade conjugal. Durante a exposição de suas reflexões, Plutarco revela sua

---

seus ancestrais, revelando sua face grega em Roma. Para mais detalhes sobre a relação de Plutarco com o seu tempo e o passado glorioso de seus antepassados, consultar: SILVA, Maria Aparecida de Oliveira. *Plutarco e Roma: o mundo grego no império*. São Paulo: Edusp, 2014.

preocupação com a unidade do casal, importante para a preservação do casamento, visto que, sem a discórdia, o casal atua em concordância, e não permite que sentimentos destrutivos sejam alimentados em sua união. Para tanto, nosso autor recomenda:

> No princípio, os casados devem, sobretudo, precaver-se das discórdias e das ofensas, observando que também os objetos harmonizados, dentre os utensílios domésticos, no início são quebrados com facilidade por qualquer pretexto que acontecer, mas, com o tempo, quando os encaixes adquirem solidez, eles se desfazem com dificuldade pelo ferro e pelo fogo.
> (*Preceitos conjugais*, 138E-F)

Com este tratado, Plutarco se insere em uma longa tradição de escritos gregos conhecida como γαμήλιος λόγος (*gamélios lógos*), ou diálogo do casamento, que são escritos de caráter prescritivo voltados para os recém-casados, para ensiná-los a atravessar essa nova fase. Outra influência perceptível na concepção deste tratado é a da Escola Estoica e seu gênero Περὶ καθήκοντον (*Perì kathḗkonton*) ou *Do que é conveniente*, gênero que tratava das relações entre deuses e homens, maridos e mulheres, filhos e filhas, pais e filhos etc. Tal gênero inspirou Plutarco a escrever também *Do amor fraterno* e *Do amor aos filhos*. Outro gênero literário escolhido por nosso autor segue uma longa tradição dentro da produção literária grega conhecida como *erōtikoi logoí*[11] ou *Diálogos do amor*, que nos remonta, especialmente a Platão, na composição deste tratado *Preceitos conjugais*. Encontramos neste tratado um conceito recorrente em outros, que é o de χάρις (*kháris*) ou "graça". Em *Preceitos conjugais* vemos:

> Por isso que a dona de casa bem-intencionada deve fugir e afastar-se do que é importante, de amigos e ostentação, mais que ter a arte de fazer amigos nos caráteres, nos modos de vida com graças junto ao seu marido, acostumando-o ao belo em vez de ao prazer. Mas quando alguma por natureza é severa, violenta e desagradável, o marido deve dominá-la, também como Fócion, que, quando Antípatro preparou-se para a sua ação, não a realizando de forma bela nem conveniente, disse: "– Não poderias servir-te de mim como amigo e bajulador," do mesmo modo deve-se avaliar a prudência e a severidade da mulher, "não posso conviver com ela como esposa e companheira".
>
> (*Preceitos conjugais*, 142B-C)

---

[11] A expressão *erōtikoi logoí* corresponde ao registrado por Aristóteles em *Política*, 1262b11, onde afirma que "ἐν τοῖς ἐρωτικοῖς λόγοις ἴσμεν λέγοντα τὸν Ἀριστοφάνην (*en erōtikoîs lógois hísmen légonta tòn Aristophánēn*)", "Aristófanes proferiu discursos sobre o amor". Consultar: Aristotle. *Politics*. Translated by H. Rackham. Cambridge: Harvard University Press, 1967.

Em outro tratado específico sobre o casamento e o papel que Eros desempenha nele, *Diálogo do amor*, Plutarco reflete o seguinte sobre o conceito de χάρις (*kháris*) ou "graça":

> Como Píndaro disse a Hefesto: "sem graça" nasceste de Hera. Dirigindo-se a uma que não tinha ainda idade para casar, Safo diz-lhe que:
>
> *Parecias-me uma pequena criança, sem graça.*[12]
>
> Héracles, ao ser indagado por alguém:
>
> *Pela força realizaste a graça*
> *ou convenceste a jovem?*[13]
>
> E a realizada com violência e assalto pelos varões, quando contra a vontade delas, é acompanhada pela fraqueza e feminilidade. (*Diálogo do amor*, 751D)

O verso sáfico em epígrafe desperta interesse pela clara intenção de Plutarco em construir sua argumentação sem considerar a retirada de um verso do seu contexto original para alterar seu significado

---

[12] Safo, frag. 34 Diehl.

[13] Nauck, *Trag. Graec. Frag.* p. 916, de uma peça trágica perdida, de título e autor desconhecidos.

e redimensioná-lo em outro tempo e espaço. Na verdade, os versos de Safo fazem referência ao seu amor nutrido há muito por Átis, quando criança.

Já a referência a Píndaro revela que na relação matrimonial, segundo nosso autor, há a presença da "graça", *kháris* (χάρις), que é concedida pela mulher ao homem; mas, se a relação sexual for contra a vontade dela, o ato se consuma "sem graça", *ákharis* (ἄχαρις). Como o significado de *kháris* (χάρις) está associado ao de "graça" ou "favor" de origem divina, podemos inferir que nosso autor entende que é somente com a intervenção divina que tal expediente é concedido ao homem. A correlação entre a concessão feminina e as divindades revela-se ainda quando Plutarco cita o substantivo abstrato, mas o registrado por Píndaro[14] (*Pítica*, livro II, verso 42) é "Cárites", *Kharítōn* (Χαρίτων), um substantivo concreto, o nome das três deusas que personificam o substantivo abstrato graça.

Contudo, apesar de Plutarco discorrer sobre a responsabilidade do marido e da esposa para uma relação harmoniosa no casamento, com diversas reflexões direcionadas ao marido, nosso autor também destaca a posição submissa da mulher:

---

[14] Conforme o Catálogo de Lâmprias, Plutarco escreveu uma *Vida de Píndaro* que nos é desconhecida. Do uso plutarquiano da poesia pindárica, consultar: Luigi Castagna, "Pindaro in Plutarco". In: Gennaro D'Ippolito; Ítalo Gallo (Orgs.). *Strutture Formali dei "Moralia" di Plutarco. Atti del III Convegno plutarcheo Palermo, 3-5 maggio 1989.* Napoli: M. D' Auria, 1991. p. 163-185.

> Tal como, quando duas vozes soam juntas, a melodia que vem à tona é a mais grave, assim também é toda ação realizada em uma casa em que há prudência, quando os assuntos estão em conformidade com ambos, mas torna-se evidente a autoridade e a preferência do marido. (*Preceitos conjugais*, 139D)

Em suma, notamos que Plutarco discorre sobre o casamento em vários de seus tratados, ora preocupado com o deus que o rege (*Diálogo do amor*), ora pensando o casamento sob a perspectiva da formação do homem grego (*Da educação das crianças*), ora pensando o casamento sob o ponto de vista do amor materno e sua relação com os filhos (*Do amor aos filhos*), ora pensando o casamento sob a influência do amor existente entre os filhos e o quanto ele depende da afeição presente na relação de seus pais, de seus pais com os pais deles, que fazem um casamento feliz (*Do amor fraterno*), felicidade esta que se manifesta no amor do pai pela mãe, dos pais pelos filhos, dos filhos entre si, do avô pela avó, dos avós pelos netos e dos netos entre si, e a mesma lógica se aplica aos tios e sobrinhos. *Preceitos conjugais* diferencia-se dos tratados citados por ser o único dedicado exclusivamente à temática do casamento, visto que os demais tocam na questão do convívio dos cônjuges como ancilar em seu discurso. Este tratado serve de reflexão para o tipo de relacionamento que deve ser vivido por um casal unido pelos laços do casamento. Mas é à mulher que cabe manter a harmonia no casamento, como depreendemos desta anedota plutarquiana:

> Fídias esculpiu a Afrodite dos eleatas pisando uma tartaruga com o pé, que é um símbolo do silêncio e do cuidado da casa para as mulheres. Pois a mulher deve conversar com o seu marido ou por meio do seu marido, não lhe causando aborrecimento se através de uma língua estrangeira, tal como um tocador de flauta, emite um som mais nobre. (*Preceitos conjugais*, 142D)

Concluímos que Plutarco demonstra interesse em provocar reflexões aos jovens recém-casados para que estabeleçam um laço matrimonial forte e indissolúvel. É evidente a preocupação maior de Plutarco com a regulação das ações femininas, visto que, dos quarenta e oito episódios, vinte e seis destinam-se diretamente à mulher. Nesse sentido, *Preceitos conjugais* traz em suas linhas as marcas de uma época em que a mulher controlada e enclausurada é sinal de harmonia e paz no casamento. Sob outra perspectiva, Plutarco distancia-se de seu tempo[15] ao afirmar que a mulher

---

[15] A respeito da concepção plutarquiana sobre a mulher e o seu papel na sociedade, consultar: Bradley Buszard, "The Speech of Greek and Roman Women in Plutarch's Lives", *Classical Philology*, v. 105, n. 1, 2010, p. 83-115.

deve ser educada e aprender filosofia, e discuti-la com seu marido (138C). Assim, Plutarco revela seu entendimento de que a mulher tem capacidade intelectual para o aprendizado e o questionamento do aprendido, que sua submissão está centrada no plano das paixões e das vontades.

A presente tradução foi realizada diretamente do texto grego, e procuramos manter sua estrutura sintática próxima à da língua portuguesa. Para que o texto na língua portuguesa se tornasse inteligível, uma vez que nem sempre o texto grego, quando traduzido literalmente, oferece compreensão ao leitor, efetuamos algumas alterações em sua sintaxe. A tradução de *Preceitos conjugais* apresentada neste volume tem como texto base o utilizado na edição Plutarch. *Advice to Bride and Groom. Moralia.* v. II. Translated by Frank Cole Babbitt. Cambridge: Harvard University Press, 2005.

Preceitos conjugais

138A ·

De Plutarco
para Poliano¹ e Eurídice²,
sejam felizes!

---

¹ Conforme Puech, Lucius Flavius Pollianos Aristion era filho de Soclaro, irmão de Ágias; ambos aparecem associados ao seu pai na dedicatória de uma estátua erigida em 98 d.C., em homenagem ao Imperador Nerva na cidade de Titórea, que Poliano dedica e assina com o seu segundo nome, Aristion. Além de ser filho de Soclaro, um amigo íntimo de nosso autor, Poliano também foi aluno de Plutarco. Consultar: Barbara Puech. "Prosopographie des amis de Plutarque", *Aufstieg und Niedergang der römischen Welt*, Band 33.6, 1992, p. 4873.

² De acordo com Barbara Puech, op. cit., p. 4849, Memmia Eurydiké, de Delfos, filha da sacerdotisa Cléa, a quem Plutarco dedica seu tratado *De Ísis e Osíris*. Eurídice casou-se jovem com Poliano, filho de Soclaro de Titórea, quando Plutarco lhes dedica o presente tratado. À época de Antonino Pio, 138-161 d.C., foi erigida uma estátua em sua homenagem em Delfos pelos tutores de sua filha Cléa. É interessante notar que Eurídice deu o mesmo nome de sua mãe à filha, um sinal de respeito e de admiração.

138B · Depois da lei pátria³, com que a sacerdotisa de Deméter⁴ estabeleceu a harmonia entre vós que fostes unidos pelo casamento, penso também que o presente tratado, que atua em consonância convosco e celebra ao mesmo tempo o vosso himeneu⁵, poderia tornar-se um tanto útil e afinado com o costume. Pois, entre os músicos, eles costumam chamar um dos temas tradicionais da arte de tocar flauta de *hyppóthoron*⁶, que é uma melodia de estímulo para os cavalos, como pa-

---

³ É provável que Plutarco esteja se referindo à sua terra pátria, a Beócia, ou à própria Queroneia, visto que as cidades eram unidades autônomas e criavam suas próprias leis. No entanto, no tempo de Plutarco, por conta da dominação romana, existiam leis que eram comuns a todas. Para mais detalhes sobre a relação entre gregos e romanos, consultar: SILVA, Maria Aparecida de Oliveira. *Plutarco e Roma: o mundo grego no Império*. São Paulo: Edusp, 2014.

⁴ Deusa grega relacionada ao culto da terra cultivada; em particular, à cultura do trigo, o que a relaciona com a fertilidade. Pertence à segunda geração divina, filha de Crono e de Reia, e seu mito comumente aparece ligado ao de sua filha Perséfone, por quem busca fervorosamente após esta ter sido raptada por Hades, o deus do mundo ínfero. Por conta de seu zelo em procurar sua filha e de sua demonstração de amor incondicional à filha, Deméter está associada ao mito da boa mãe. Para mais detalhes, consultar: *Hino a Deméter*, atribuído a Homero.

⁵ Festa de núpcias, que recebe este nome por causa de Himeneu, filho de Apolo e da musa Calíope, Clio ou Urânia, que é o deus que conduz o cortejo nupcial.

⁶ Em grego ἱππόθορον (*hyppóthoron*), substantivo composto formado pelo substantivo ἵππος (*hyppós*), "cavalo", e o verbo θρῴσκω (*thrŏískō*), "lançar-se", por associação "cobrir", por este motivo o substantivo significa literalmente "ária executada durante a cobertura da égua pelo asno".

rece, com a qual despertavam seu entusiasmo para os acasalamentos; mas dentre os muitos e belos tratados que compõem a filosofia, este referente ao casamento não é em nada menos digno de atenção, com o qual a filosofia enche de encanto aqueles que dirigem suas vidas para o mesmo objetivo, tanto lhes proporciona temperamentos dóceis, como amabilidades uns com os outros. Portanto, dentre os assuntos que já ouvistes muitas vezes nos momentos em que tivestes contato com a filosofia, tendo disposto os tópicos importantes em breves comparações, para que fossem recordados com mais facilidade, envio a ambos um presente em comum, desejando que as Musas[7] estejam presentes e cooperem com Afrodite[8], porque nem uma lira nem uma cítara têm seus acordes mais harmonizados por elas que a harmonia musical do casamento e do lar, que é conveniente prover por meio do diálogo, da harmonia e da filosofia[9]. Pois os antigos também erigiam

---

[7] As Musas eram filhas da deusa Mnemôsine (personificação da Memória) e de Zeus pai e trazem ora o epíteto de Piérides, ora de Heliconias. Elas eram em número nove; a saber: Calíope (poesia épica), Clio (história), Euterpe (lírica e música de flauta), Melpômene (tragédia), Terpsicore (dança), Erato (hinos e música para lira), Polímnia (cantos sacros), Talia (comédia) e Urânia (astronomia).

[8] Deusa do amor, filha de Urano, nascida dos órgãos sexuais de seu pai, cortados por Crono, que caíram nas ondas do mar e, em suas espumas, geraram Afrodite. Nas águas do mar, a deusa foi levada à Ilha de Citera e, em seguida, a Cipro ou Chipre.

[9] As Musas são divindades intimamente relacionadas à teoria plutarquiana do amor, pois elas, ao lado de Afrodite e das Cárites, auxiliam

estátuas para Afrodite ao lado das de Hermes[10], com
138D a intenção de que o prazer no casamento necessita mais de diálogo[11], e ainda Peitó[12] e as Cárites[13], a fim de que, persuadidos, os cônjuges obtenham uns dos outros aquilo que quiserem, sem que combatam nem compitam entre si.

Eros na relação amorosa (*Diálogo do amor*, 758C). Plutarco refere-se às Musas como propícias à capacidade humana de filosofar (*Da virtude moral*, 452B) e inspiradoras de Platão (*Diálogo do amor*, 764A), por isso a Academia foi consagrada a essas divindades (*Da confiança*, 467E); em *Assuntos de banquetes*, declara que é um devedor delas (736C). Para mais detalhes sobre a função das Musas no casamento, consultar: Plutarco. *Diálogo do amor*. Tradução, introdução e notas de Maria Aparecida de Oliveira Silva. São Paulo: Martin Claret, 2015.

[10] Filho de Zeus e de Maia, nasceu em uma caverna, no alto do Monte Cilene, na região sul da Arcádia. Mensageiro de Zeus, Hermes é o intérprete da vontade divina, também considerado o deus do comércio e do roubo. Ele acompanhava os viajantes pelas estradas; sua imagem era representada nos caminhos em forma de um pilar, cuja parte superior tinha a forma de um homem barbado e a parte de baixo tinha órgãos sexuais bem salientes. Além disso, é considerado o deus dos pastores e encarregado de conduzir as almas dos mortos para o Hades.

[11] Note que Plutarco enfatiza aqui a capacidade de comunicação do deus Hermes, bem como sua função de intérprete da vontade divina, o que o torna um deus propício ao diálogo, pois estimula a argumentação racional.

[12] Personificação da Persuasão; por conseguinte, associada também à sedução.

[13] Filhas de Zeus e Eurínome, cujos nomes são Eufrosina (Alegria), Talia (Festa) e Aglaia (Brilho). Por seus dons artísticos, elas acompanham Apolo e as Musas. As três irmãs são consideradas as difusoras da alegria na natureza e nos corações dos deuses e dos homens.

1. Sólon[14] ordenava à recém-casada que se deitasse com seu marido depois de ela ter comido marmelo[15], insinuando, como parece, que o prazer vindo da boca e da voz deve ser a primeira sensação harmoniosa e agradável.

2. Na Beócia[16], depois de terem tido relações sexuais com a mulher recém-casada, costuma-se coroá-las com uma coroa de aspargos; pois este é o fruto mais doce que brota do áspero acanto, e a recém-casada oferecerá ao seu marido, que não a devolve nem se enfastia na primeira dificuldade e no primeiro desgosto com ela, uma união doce e equilibrada. Mas aqueles que não suportam as primeiras contrariedades das jovens virgens em nada diferem daqueles que as abandonam por estarem verdes ainda

---

[14] Legislador e poeta ateniense, século VI a.C., também considerado um dos Sete Sábios. Sobre ele, há uma biografia plutarquiana; ler Plutarco, *Vida de Sólon*. Também podemos colher informações a seu respeito em *Constituição de Atenas*, de Aristóteles, e por meio de seus próprios poemas e fragmentos deles remanescentes em nosso tempo.

[15] Plutarco grafa μήλου κυδωνίου (*mélou kydōníou*), isto é, "maçã da Cidônia", uma espécie de maçã muito doce conhecida como marmelo. A maçã é o fruto predominante no Jardim das Hespérides, estas Ninfas tinham a função de proteger as maçãs que nasciam em pomos de ouro. Segundo o mito, Geia (personificação da Terra) presenteou a deusa Hera com este Jardim na ocasião de seu casamento com Zeus. Plutarco repete esta informação no vigésimo capítulo da biografia de Sólon.

[16] Região situada entre e Eubeia e o golfo de Corinto, localizada na parte central da Grécia.

e cedem a outros o cacho da uva. E muitas dentre as recém-casadas, quando ficam desgostosas por causa das primeiras atitudes dos seus maridos, vivenciam o mesmo sentimento que aqueles que experimentaram o ferrão da abelha, e deixam para trás a colmeia.

3. No princípio, os casados devem, sobretudo, precaver-se das discórdias e das ofensas, observando que também os objetos harmonizados, dentre os utensílios domésticos no início são quebrados com facilidade por qualquer pretexto que acontecer, mas, com o tempo, quando os encaixes adquirem solidez, eles se desfazem com dificuldade pelo ferro e pelo fogo.

4. Tal como o fogo se inflama prontamente nas palhas, nos pavios das lamparinas e nos pelos das lebres, e rapidamente ele se extingue, se alguma outra coisa não puder cobri-lo, ao mesmo também que se ocupe de alimentá-lo, do mesmo modo deve-se considerar que o amor excitante dos recém-casados pelo corpo e por sua aparência brilhante não é constante nem duradouro, a não ser que esteja edificado sobre o caráter[17] e ajustado ao que é prudente, recebe uma entusiasmada disposição.

---

[17] Sobre a relação entre o corpo e a alma no relacionamento amoroso, notamos que Plutarco está em concordância com o que afirma em seu

139A ·   5. A pesca com poções[18] rápida e facilmente emerge e apanha o peixe, mas o torna incomestível e nocivo; do mesmo modo, as mulheres que inventam certas beberagens de amor e magias para os seus maridos e os dominam pelo prazer, que convivem com elas atordoados, néscios e arruinados. Pois nem Circe[19] tirou proveito dos que foram submetidos às suas poções mágicas, nem se serviu deles após tê-los transformado em porcos e asnos, mas a Odisseu[20],

---

outro tratado, *Diálogo do amor*, 765C: "Nisso, em pouco tempo, eles ultrapassam o corpo de seus amados, transportando-se para seu interior e ligando-se ao seu caráter; percebem as visões evocadas e unem-se intensamente uns aos outros por palavras e ações, sempre que houver uma fração do belo, uma imagem dele em seus pensamentos", tradução de Maria Aparecida de Oliveira Silva (Op. cit.).

[18] Plutarco grafa τῶν φαρμάκων (*tōn pharmákōn*), genitivo plural de φάρμακον (*phármakon*), que significa "droga medicinal", "remédio preparado", "veneno", "poção mágica" e "unguento".

[19] Filha de Hélio e de Perse ou de Hécate, Circe é a feiticeira que aparece na *Odisseia*, X, 133-574, na ocasião em que Odisseu e seus companheiros aportam na ilha de Ea e o herói envia alguns deles para inspeção da ilha. Estes são recebidos no palácio pela rainha Circe, que os convida para um banquete e os transforma em animais de diversas espécies. Quando descobre o ocorrido, Odisseu, com a ajuda de Hermes que lhe dá um antídoto, enfrenta Circe e consegue reverter o feitiço. No entanto, os encantos de Circe o mantêm na ilha como seu amante por algum tempo.

[20] Filho de Laerte, rei de Ítaca, e Anticleia. Personagem homérica que participou da guerra de Troia, destacada por sua prudência. Figura na *Ilíada* e tem seu retorno de Troia narrado por Homero na *Odisseia*, que trata de suas aventuras até alcançar Ítaca, voltar para os braços de sua esposa Penélope e rever seu filho Telêmaco.

como tinha a capacidade de pensar e de viver com ela com sensatez, ela amou intensamente.[21]

6. As mulheres que desejam dominar mais os homens néscios que ouvir os prudentes assemelham-se aos que desejam mais guiar os cegos que estão no caminho que seguir aqueles que o veem e o conhecem.

139B · **7.** Elas não acreditam que Pasífae[22] vivia com um rei e enamorou-se de um touro, algumas mulheres veem, pesarosas, os seus austeros e prudentes mari-

---

[21] Quanto aos que se deixam levar pelos feitiços das outras mulheres, Plutarco afirma, em seu tratado *Como distinguir o bajulador do amigo*: "Tal como dizem, no momento em que Platão chegou a Siracusa, e que um zelo cheio de furor pela filosofia tomou conta de Dionísio, os palácios foram cheios de areia pelos geômetras; mas, depois que Platão provou o seu fracasso, e Dionísio desviou-se da filosofia, e outra vez foi levado para as bebidas e as mulheres, também para o falar tolamente e ser licencioso, para todas essas coisas de uma só vez, tal como se tivessem sido metamorfoseadas em Circe, prendeu sua atenção nas coisas sem refinamento, no esquecimento e na estupidez." (52D-E), tradução de Maria Aparecida de Oliveira Silva. In: Plutarco. *Como distinguir o bajulador do amigo*. Tradução, introdução e notas de Maria Aparecida de Oliveira Silva. São Paulo: Edipro, 2015.

[22] Filha de Hélio e de Perseide, esposa de Minos, rei de Creta. Conta o mito que a rainha enamorou-se de um touro, ora porque Minos havia prometido sacrificá-lo ao deus Posídon, ora porque Pasífae desdenhou o culto à deusa Afrodite. Da união de Pasífae com o touro nasceu o famoso Minotauro, que foi aprisionado em um labirinto construído pelo ilustre arquiteto Dédalo.

dos, mas convivem com mais prazer com aqueles que se misturam com excessos e o gosto pelo prazer, tal como cães ou bodes.

8. Aqueles que não são capazes de saltar sobre os cavalos, por causa de sua própria fraqueza ou moleza, são ensinados a acocorar-se e a jogar-se aos seus pés; do mesmo modo, alguns dentre aqueles que desposaram mulheres bem-nascidas ou ricas não se tornam melhores, mas humilham-nas, para que as comandem mais porque se tornaram submissas. Mas, tal como o tamanho do cavalo, observando também a dignidade da mulher, deve-se colocar rédeas nela.

9. Quanto à lua, quando ela se afasta do sol; nós a vemos reluzente e brilhante, mas desaparece e se oculta quando está perto dele; mas a mulher prudente deve, ao contrário, ser mais olhada quando está ao lado de seu marido, e manter-se em casa e permanecer oculta quando ele não está presente.

10. Heródoto[23] não estava certo[24] quando disse que a mulher despe-se de sua túnica e, ao mesmo tempo, de seu pudor[25]; pois, ao contrário, a mulher prudente veste-se por sua vez de seu pudor, e o utiliza como símbolo principalmente para amar e respeitar mais um ao outro.

139D · **11.** Tal como, quando duas vozes soam juntas, a melodia que vem à tona é a mais grave, assim também é toda ação realizada em uma casa em que há pru-

---

[23] Historiador nascido em Halicarnasso ou Túrio, 480-425 a.C., autor de *Histórias*, nove livros que narram diversas histórias, mas tendo como foco principal as Guerras Persas, quando os gregos combateram contra os persas. (A Edipro já publicou os três primeiros livros desta obra, a saber: *Histórias. Livro I – Clio* (2015); *Histórias. Livro II – Euterpe* (2016); e *Histórias. Livro III – Talia* (2017). E o próximo volume, *Histórias. Livro IV – Melpômene*, tem publicação prevista para 2019. Todos com tradução, introdução e notas de Maria Aparecida de Oliveira Silva.)

[24] Sobre as críticas de Plutarco à narrativa herodotiana, consultar: Plutarco. *Da malícia de Heródoto*. Estudo, tradução e notas de Maria Aparecida de Oliveira Silva. São Paulo: Edusp/Fapesp, 2013.

[25] Trata-se deste episódio narrado por Heródoto em suas *Histórias*: "'Giges, penso que tu não acreditas em mim quando falo sobre a beleza da minha mulher (pois sucede aos homens de os ouvidos serem mais incrédulos que os olhos), atua de modo que a vejas nua'. E ele, em alto brado, disse: 'Senhor, por que proferes uma ordem que não é sensata, estás me ordenando que veja a minha senhora nua? Quando a túnica é retirada, ao mesmo tempo, despoja-se a mulher de seu pudor.'" (I, 8), tradução de Maria Aparecida de Oliveira Silva. In: Heródoto. *Histórias. Livro I – Clio*. Tradução, introdução e notas de Maria Aparecida de Oliveira Silva. São Paulo: Edipro, 2015.

dência, quando os assuntos estão em conformidade com ambos, mas torna-se evidente a autoridade e a preferência do marido.

12. Hélio[26] venceu Bóreas[27]. Pois o homem, quando o vento soprava claramente com violência para que o seu manto lhe fosse arrebatado, mais ele se agarrava e detinha o manto em torno de si; mas, quando Hélio provocou uma brisa quente e com ela o tocou, em seguida o homem sentiu calor e despiu-se do seu manto e da sua túnica[28]. A maioria das mulheres faz o mesmo; com violência, elas combatem e manifestam seu descontentamento com os maridos que as impedem de ter um estilo de vida indolente e dispendioso; mas, quando elas são persuadidas com o uso da razão, elas afastam-se dele e tornam-se moderadas com alegria.

---

[26] Filho dos titãs Hipérion e Tia, Hélio é a personificação do Sol. A cabeça desta divindade era envolta por raios que lhe davam o aspecto de uma cabeleira de ouro. Todos os dias percorria o céu com um carro de fogo conduzido por seus velozes cavalos Pírois, Eoo, Éton e Flégon; o trajeto iniciava-se na Índia e terminava no Oceano, onde seus cavalos banhavam-se, enquanto Hélio ia para o seu palácio de ouro.

[27] Filho de Astreu e de Eos (personificação da Aurora), Bóreas é o deus do Vento Norte, um vento frio que provinha da Trácia, onde morava.

[28] Plutarco refere-se à Fábula 18 de Bábrio, na qual o fabulista conta que Hélio e Bóreas disputaram para ver quem tiraria o manto de um camponês que caminhava por uma estrada. Com essa fábula, Plutarco ensina que a delicadeza e a persuasão vencem a força bruta.

13. Catão[29] expulsou do Senado[30] um homem que beijava sua mulher com a sua filha presente. Então, isso talvez tenha sido muito veemente; mas se isso é vergonhoso, tal como é pegar na mão, beijar e abraçar um ao outro quando outras pessoas estão presentes, como não é vergonhoso insultar e discutir um com o outro quando outras pessoas estão presentes, e considerar ter relações sexuais e carícias às ocultas com sua mulher, repreender, censurar e usar sua liberdade de expressão clara e explicitamente?

14. Tal como, quando um espelho é trabalhado em ouro e pedras preciosas, não tem nenhuma utilidade se não reflete a figura semelhante, do mesmo modo não existe proveito em se ter uma mulher rica, se ela não demonstra uma vida semelhante à do marido e seu caráter harmonioso com o dele. Se o espelho refletir uma imagem triste de um marido alegre, ou ainda, refletir uma imagem alegre e risonha de um

---

[29] Marco Pórcio Catão, ou Catão, o Velho, 234-149 a.C. Marco Catão desempenhou cargos importantes em Roma, sendo mais conhecido por ser o defensor da sociedade e dos costumes romanos, discursando contra a adoção de hábitos estrangeiros, em especial os costumes dos gregos, que os romanos de sua época começavam a praticar.

[30] Na *Vida de Marco Catão*, Plutarco conta que este expulsou do senado Manílio, um candidato ao cargo de cônsul, sob o pretexto de que ele havia beijado sua mulher em pleno dia e ainda diante de sua filha. Então, Plutarco registra a anedota de que Catão teria lhe dito que nunca era abraçado pela sua mulher, exceto quando trovejava (XVII, 6).

marido abatido, esse é imperfeito e enganoso. Portanto, também a mulher imperfeita e inconveniente é a que reflete tristeza quando o seu marido tenta brincar e ser agradável, e ela fica sorridente e brincalhona enquanto ele está sério; pois a primeira situação é repugnante, e a segunda é mesquinha. Mas deve-se, tal como os geômetras dizem sobre as linhas e as superfícies que não se movam por si mesmas, mas que se movimentem junto com os corpos[31], do mesmo modo a mulher não deve ter um sentimento próprio, mas compartilhar o sentimento de seriedade, brincadeira, preocupação e riso com o seu marido.

15. Aqueles que não olham com deleite para as mulheres que se alimentam com eles ensinam-nas a

---

[31] Plutarco utiliza esta mesma comparação em seu tratado *Como distinguir o bajulador do amigo*, com algumas variações, visto que aqui grafa οἱ γεωμέτραι (*hoi geōmétrai*), "os geômetras", e no referido tratado grafa οἱ μαθηματικοί (*hoi mathēmatikoí*), "os matemáticos", conforme lemos neste passo: "Pois como os matemáticos afirmam que as superfícies e as linhas não fazem curvas, nem se prolongam, nem se movem por si próprias, porque são apreendidas pelo intelecto e incorpóreas, mas ainda fazem curvas, prolongam-se e se movem juntas com os corpos que são delimitados por elas, assim apanharás em flagrante o bajulador, porque ele sempre tem a mesma opinião, está sempre de acordo, sempre se alegra com as mesmas coisas, por Zeus, sempre se torna encolerizado com as mesmas coisas, a ponto de estar nessas circunstâncias completamente fácil de se fazer a distinção." (63B-C), tradução de Maria Aparecida de Oliveira Silva. In: Plutarco. *Como distinguir o bajulador do amigo*. Tradução, introdução e notas de Maria Aparecida de Oliveira Silva. São Paulo: Edipro, 2015.

se fartar quando estão sozinhas. Do mesmo modo, aqueles que não convivem com alegria com suas mulheres nem compartilham com elas suas brincadeiras e risos ensinam-nas a procurar sem eles os seus próprios prazeres.

140B **16.** As mulheres legítimas dos reis persas sentam-se à mesa, jantam e alimentam-se junto com eles; mas quando querem brincar e embriagar-se, eles as mandam embora e chamam as jovens cantoras e as concubinas[32], considerando que isso é o correto, porque não permitem que suas mulheres legítimas vivam como as dissolutas e bebam vinho em excesso. Portanto, quando um homem na sua vida privada, imoral e dominado pelos prazeres, comete algum erro com uma cortesã ou uma jovem serviçal, ele não deve irritar-se e ser irascível com sua mulher legítima, porque a trata com respeito e pudor, para que sua mulher legítima considere que seu marido compartilha a embriaguez, a licenciosidade e a desmedida com a outra.

---

[32] Em seu tratado *Assuntos de banquetes*, 613A, Plutarco relata que os persas, além de mandarem suas mulheres se retirar e chamar as concubinas, também se negam a discutir assuntos filosóficos nos banquetes, pois, ao contrário de Platão e de nosso autor, pensam que o momento é para divertimento, não para reflexão.

140C ·   **17.** Os reis que são amantes da música tornam muitos amantes da música, os que são amantes dos discursos criam os eloquentes, os que são amantes das competições atléticas fazem os atletas. Do mesmo modo, um homem que é um amante do seu corpo torna sua mulher amante dos adornos, o que é amante do prazer cria uma mulher cortesã e licenciosa, o que é amante do bem e do belo a faz prudente e moderada.

    18. Uma jovem lacônia, quando alguém quis saber dela se já havia encontrado o homem para ser seu marido, respondeu: "– Eu, pelo menos, não, mas ele a mim."[33]. Do mesmo modo, esse comportamento, penso, é próprio de uma dona de casa, que não deve fugir nem irritar-se com coisas dessa natureza, quando o seu marido não as começa nem lhe permi-
140D · te tomar a iniciativa; pois um comportamento é característico de alguém que é uma cortesã e desavergonhada, e o outro, de uma arrogante e uma mulher sem afeição natural.

    19. A mulher não deve ter amigos particulares, mas ter amigos comuns aos do seu marido; os deuses

---

[33] Plutarco repete esta anedota em seu tratado *Ditos das mulheres espartanas*, 242B.

são os seus primeiros e os maiores amigos. Por isso, convém à mulher legítima conhecer os únicos deuses que o seu marido considera venerar, e trancafiar as portas de sua casa para os cultos ocultos e as superstições estrangeiras[34]. Pois nenhum dos deuses sente-se agradado com oferendas secretas e ocultas feitas por uma mulher.

140E · **20.** Platão diz que a cidade é feliz e próspera[35] enquanto ouve "o meu e o não meu"[36] sendo proferi-

---

[34] À época de Plutarco, Roma é um local multicultural em que as manifestações religiosas provêm de diversas partes do Império Romano, e nosso autor demonstra sua preocupação com as práticas consideradas supersticiosas que, a seu ver, destoam da religiosidade, em particular, a grega, e passam para o campo do charlatanismo ou da irracionalidade. Sobre esse assunto, Plutarco escreve um tratado específico intitulado *Da superstição*, o que revela sua real preocupação com o fato.

[35] Platão. *A República*, 462b-c. Com esta referência, Plutarco faz uma associação entre a casa e o governo, uma vez que Platão profere tal frase no seguinte contexto: "Mas quando alguns sofrem imensamente enquanto outros largamente se regozijam em meio aos mesmos acontecimentos que afetam o Estado e os indivíduos, essa particularização de prazeres e dores não provocará a dissolução do Estado?" [...] "E não é isso que ocorre todas as vezes que expressões como 'meu' e 'não meu' não são utilizadas em uníssono? E semelhantemente com a palavra 'alheio'?" (*A República*, 462b-c), tradução de Edson Bini. In: Platão. *A República*. Tradução, textos complementares e notas de Edson Bini. São Paulo: Edipro, 2014.

[36] Encontramos esta citação em outro tratado plutarquiano intitulado *Diálogo do amor*, também relacionada à questão da concórdia entre um casal, onde ele afirma: "Quem Eros visita e inspira, primeiro da cidade platônica terá 'o meu' e 'o não meu', pois não é uma simples 'comunhão

do em raras ocasiões, devido aos cidadãos utilizarem em comum, na medida do possível, as coisas que são mais dignas de atenção. E deve-se muito mais retirar tal modo de expressão do casamento. Exceto, tal como os médicos dizem que os golpes do lado esquerdo do corpo causam impacto nos membros do seu lado direito, assim também a mulher deve sentir as mesmas coisas que o seu marido e o marido, as da sua mulher, a fim de que, tal como elos dos grilhões entrelaçados uns aos outros adquirem força, do mesmo modo, porque oferecem a correspondente afeição um ao outro, a sua união salva a ambos. Pois também a natureza mistura-nos através dos nossos corpos, a fim de que, depois de pegar uma parte de cada um deles e fundir em algo comum a ambos, devolva o que foi gerado, de modo que nenhum deles se sepa-

140F ·

---

de amigos' nem de todos, mas os que delimitam seus corpos, unem e confundem suas almas à força, não querem ser dois, nem pensam nisso. Depois, há a temperança entre eles, a qual é necessária ao casamento, ela tem de fora e das leis." (767D-E), tradução de Maria Aparecida de Oliveira Silva. In: Plutarco. *Diálogo do amor*. Tradução, introdução e notas de Maria Aparecida de Oliveira Silva. São Paulo: Martin Claret, 2015. E ainda em seu tratado *Do amor fraterno*, Plutarco retoma esta informação platônica para outro conselho para a concórdia, agora entre irmãos: "mas aquele que na casa aconselha os irmãos especialmente como Platão aconselha os cidadãos a retirar 'o meu' e o 'não o meu', mas se não for possível, afeiçoe-se e cerque-se pela igualdade, estabelecendo um belo e firme alicerce da concórdia, sempre que a paz for derrubada." (484B), tradução de Maria Aparecida de Oliveira Silva. In: Plutarco. *Do amor fraterno*. Tradução, introdução e notas de Maria Aparecida de Oliveira Silva. São Paulo: Edipro, 2019.

re nem seja dividido no que é particular ou do outro. Portanto, também esse compartilhamento dos bens é conveniente, especialmente aos homens casados, para que, após ter fundido e misturado todos em um único bem, não exista a parte que lhe seja particular nem a parte que seja do outro, mas considerar que tudo é próprio do casal e que não existe nenhuma do outro. Tal como, embora a mistura tenha a maior parte de água, nós chamamos de vinho, do mesmo modo deve-se dizer que a propriedade e a casa são do marido, ainda que a mulher contribua com a maior parte.

21. Helena[37] era amante da riqueza, Páris[38] amante do prazer; Odisseu era sensato, Penélope[39] era

---

[37] A mais bela helena, filha de Zeus e de Leda; seu pai humano é Tíndaro. Esposa de Menelau, por quem os helenos travaram a guerra contra Troia. Na *Ilíada*, de Homero, o poeta nos relata que a invasão de Troia se deu por conta do rapto de Helena por Páris, quando este foi hóspede do rei Menelau de Esparta, esposo da bela mulher. Então se formou uma grande aliança entre os helenos para recuperar a mulher do rei, irmão do chefe de todos os homens, Agamêmnon.

[38] Filho do rei troiano Príamo e da rainha Hécuba. Conhecido por ter sido o causador da Guerra de Troia, na qual foram mobilizados todos os helenos e os troianos. Tal guerra é narrada por Homero em *Ilíada*; a obra recebeu esse nome porque a cidade de Troia também era conhecida como Ílion.

[39] Nascida em Esparta, Penélope é filha de Icário e de Peribeia, a dita fiel esposa do herói Odisseu, que segundo algumas narrativas do ciclo do herói, não teria permanecido casta para o seu esposo, mas que teve muitos amantes – entre eles, o deus Hermes.

prudente. Por isso o casamento deles é divinamente
141A · feliz e invejado, enquanto o daqueles causou aos gregos e bárbaros uma *Ilíada*[40] de males[41].

22. O romano[42], quando foi censurado pelos seus amigos porque repudiou sua mulher prudente, rica e de bela aparência, estendendo seu calçado para eles, disse: "pois também esse é belo e novo, mas ninguém sabe onde ele me aperta". Portanto, a mulher não deve confiar em seu dote de casamento, nem na sua estirpe, nem na sua beleza, mas naquelas coisas com as quais mais se adapta ao seu marido, com a sua companhia, com o seu caráter e com sua complacência, e nenhuma dessas dificulda-
141B · des não sobrevirá no seu dia-a-dia, mas lhe trarão coisas harmoniosas, amigáveis e que não causam dores. Pois,

---

[40] Nome da obra composta por Homero, que deriva de Ílion, a lendária cidade sobre a qual reinava Príamo, casado com Hécuba, mãe de Páris e de Heitor; local onde ocorreu a Guerra de Troia.

[41] Segundo o mito corrente, a Guerra de Troia foi deflagrada após o rapto de Helena. O filho do rei Príamo, Alexandre Páris, foi recebido em Esparta pelo rei Menelau; chegando lá, enamorou-se de Helena, a esposa do rei. Páris havia sido contemplado por Afrodite com amor, o qual ele sentiu por Helena; então, com a ajuda da deusa, tramou o rapto da mais bela mulher dos helenos, levando-a para sua cidade natal. Enfurecido, Menelau convenceu o seu irmão Agamêmnon a reunir o exército dos aqueus – outro nome dado aos helenos – a invadir Troia e trazer sua esposa de volta.

[42] Trata-se de Lúcio Emílio Paulo, século II a.C., conhecido como Paulo Emílio, general que derrotou o Império Macedônico. Plutarco relata este episódio em sua *Vida de Paulo Emílio*, V, 3-5.

tal como os médicos temem as febres que ocorrem de causas desconhecidas e que se manifestam pouco a pouco mais que as que são grandes e têm causas visíveis, do mesmo modo as pequenas, contínuas e diárias ofensas da mulher e do marido, que passam despercebidas à maioria, também dividem e causam danos à convivência.

23. O rei Filipe[43] amava uma mulher[44] da Tessália[45] sobre a qual pesava a acusação de enfeitiçá-lo com suas poções. Então, Olímpia[46] empenhou-se para ter essa mulher sob o seu domínio. Mas, quando ela veio à sua presença e mostrou seu belo porte e sua aparência, também conversou com ela, sem um comportamento vulgar nem sem inteligência, Olímpia disse-lhe: "– Que as acusações lhe sejam retiradas! Pois, tu, em ti mesma, tens os feitiços.". Portanto, uma coisa invencível é a mulher legítima e que se conforma às leis, quando todas as coisas estão postas nela,

---

[43] Trata-se de Filipe II, 382-336 a.C., rei da Macedônia, pai de Alexandre, o Grande, e conquistador da Grécia.

[44] Provavelmente trata-se de Pantica de Chipre.

[45] Região situada ao norte da Grécia, fronteiriça com a Macedônia, conhecida pelos antigos gregos como Eólia.

[46] Princesa de Épiro, conhecida por ser iniciada nos cultos Órfico e Dionisíaco. Em 357 a.C., Olímpia tornou-se a esposa legítima de Filipe II da Macedônia, depois de tê-lo conhecido durante a celebração dos Mistérios Samotrácios.

os dotes, a estirpe, os feitiços e o cinto bordado de Afrodite[47], com seu caráter e com sua virtude, cultiva a afeição do seu marido.

24. Em sentido oposto, Olímpia, quando um jovem tocador de flauta desposou uma mulher de bela aparência, de quem se ouvia falar mal, ela disse-lhe: "– Ele não tem a faculdade de raciocinar; pois não teria desposado por meio dos olhos.". E não se deve casar por meio dos olhos nem dos dedos, tal como 141D · alguns que consideram os valores que irão adquirir com sua mulher, não avaliando como viverão juntos.

25. Sócrates[48] costumava ordenar aos jovens que se olhavam no espelho que aqueles que tinham aparência feia se endireitassem pela virtude, enquanto os que a tinham bela não se desviassem pelo vício. Portanto, se ela torna-se dona de casa por seu marido ser belo, quando ela está com seu espelho nas mãos, dialoga consigo mesma, se fora uma mulher

---

[47] O κεστός (*kestós*), ou o cinto bordado de Afrodite, é citado por Homero, *Ilíada*, XIV, 214, quando o poeta descreve o plano da deusa Hera para seduzir Zeus, solicitando-o à Afrodite. Homero conta que seu cinto possui muitos encantos, como desejos e conversas persuasivas, capazes de seduzir a qualquer um.

[48] Filósofo ateniense, 469-399 a.C., que influenciou vários pensadores, sendo Platão o mais célebre deles.

feia, pergunta-se: "– O que aconteceria se eu não fosse prudente?", enquanto a mulher bela pergunta-se: "– O que aconteceria se eu também fosse prudente?". Pois isso seria sinal para a mulher feia, se ela for amada, é por causa mais do seu caráter que da sua beleza.

26. O tirano da Sicília[49] enviou mantos e colares incrustados com pedras preciosas às filhas de Lisandro[50]; mas Lisandro não os recebeu e

---

[49] Maior ilha da região da Magna Grécia, fundada por Árquias de Corinto em 734 a.C. Conforme o relato de Plutarco, Árquias era descendente de Héracles, influente por sua riqueza e poder, pois pertencia à família mais ilustre de Corinto. Esse Árquias se apaixonou por um belo rapaz chamado Actéon; por conta de seu sentimento desmedido e da negativa do jovem, tramou raptá-lo, mas a sua ação resultou na morte de Actéon. Então, Melisso, pai do jovem morto, levou seu cadáver ao templo de Posídon e implorou por vingança; em resposta, o deus enviou peste e seca ao território coríntio, que foram retirados somente quando Árquias foi banido de Corinto. Exilado na Sicília, fundou a cidade de Siracusa; consultar: Plutarco, *Contos de amor*, 772E-773B (PLUTARCO. Contos de amor. Tradução, introdução e notas de Maria Aparecida de Oliveira Silva. *Revista Hélade*, v. 4, 2018, p. 206-223).

[50] General espartano, morto em 395 a.C., conhecido por ter derrotado a frota naval de Alcibíades, um grande feito, pois os atenienses eram tidos como exímios marinheiros. Mais tarde, aliou-se ao rei persa Ciro, o Jovem, e com sua ajuda, venceu novamente os atenienses na batalha naval do Helesponto, em 405-404 a.C., selando a vitória espartana na Guerra do Peloponeso. Plutarco redigiu uma biografia sobre o espartano; consultar *Vida de Lisandro*. Como Tucídides morreu antes da conclusão da Guerra do Peloponeso, não dispomos de seu relato sobre o desfecho do embate que pode ser lido nas *Helênicas*, de Xenofonte.

disse: "– Esses adornos irão me desonrar mais que adornar as minhas filhas.". Mas antes de Lisandro, Sófocles[51] disse isto:

Não é um adorno, não, infeliz, mas uma desordem parece que é dos seus pensamentos de desregrado.[52]

"Pois o adorno é", conforme dizia Crates[53], "o que adorna." Adorna, o que torna a mulher mais adornada. Mas a torna como tal não de ouro, nem de esmeralda, nem de seda escarlate, mas o quanto está envolvida com a aparência da honra, da moderação e do pudor.

---

[51] Tragediógrafo grego, 496-405 a.C., nasceu em Colono, local bem próximo a Atenas; calcula-se que perfazia a distância de um quilômetro.

[52] Sófocles. Peça desconhecida. Nauck, *Trag. Graec. Frag.*, n. 762.

[53] Não sabemos ao certo de quem se trata, pode ser um homem pertencente ao grupo de amigos e alunos de Plutarco, ou ser um filósofo cínico do século IV ou II a.C., ou um poeta cômico do século V a.C.

27. Aqueles que realizam sacrifícios a Hera[54], deusa do casamento[55], não lhe consagram os demais sacrifícios, mas, depois de tê-los retirado, depositam-nos em seu altar, quando o legislador contrapôs-se afirmando que jamais a cólera, nem a raiva, devem estar presentes no casamento. Pois deve ser da dona de casa, tal como a secura, o proveito e prazer do vinho não deve ter a amargura, tal como a do aloés nem a dos remédios.

28. Platão a Xenócrates[56] que tinha um caráter severo, mas que era belo e bom em outros assuntos,

---

[54] Filha de Crono e Reia, irmã e esposa de Zeus, é a principal deusa do Olimpo. A principal característica de Hera retratada na literatura é a sua indignação frente à infidelidade de seu companheiro, não poupando esforços para perseguir os amantes de Zeus e os frutos dessas uniões ilegítimas. A deusa era considerada a protetora da cidade de Argos; segundo Pausânias, Hera foi homenageada por Policleto de Argos, 460-410 a.C., com a construção de uma estátua colossal em que a deusa estava sentada em um trono e coberta de ouro e marfim, com uma coroa em que havia a representação das Cárites e das Horas, e ainda trazia na mão esquerda uma romã e o seu cetro na direita; sobre o cetro havia um cuco, que Pausânias afirma ser o símbolo do amor de Zeus e Hera. Tal obra se tornou uma referência para as futuras representações da deusa. Consultar: Pausânias, *Descrição da Grécia*, II, 17. 3-4.

[55] Hera presidia a celebração dos casamentos no mês de janeiro, o γαμήλιος (*gamélios*), ou Gamélion, que significa "mês do casamento".

[56] Filósofo, nascido na região da Calcedônia, 395-314 a.C., passou a maior parte da sua vida estudando na Academia de Platão, da qual se tornou o seu terceiro chefe em 399 a.C., depois de Espeusipo. Autor de mais de setenta obras que, no entanto, não chegaram até nós, cujas temáticas abrangiam a lógica, a física e a ética.

142A · aconselhou que sacrificasse às Cárites. Penso que a mulher prudente é mais necessária ao marido pelas suas graças[57], a fim de que, como dizia Metrodoro[58], "conviva com ela prazerosamente e que ela não sinta cólera, porque é prudente". Pois a mulher modesta não deve se descuidar da limpeza, nem a mulher amante do marido, do amor à prudência; pois a severidade é odiosa à moderação da mulher, tal como a sordidez é à simplicidade.

29. A mulher que teme rir diante do seu marido e fazer uma brincadeira com ele, para que não pareça ousada e licenciosa, em nada difere daquela que, a fim de que não pareça ter perfumado sua cabeça, nem untado sua pele com óleo, também a fim de que não pareça ter passado maquiagem no seu rosto, nem o lavado. Mas vemos tanto poetas como oradores – os que 142B · fogem do estilo popular, vulgar e afetado –, uns

---

[57] Plutarco atribui à χάρις, kháris, isto é, à graça, um elemento importante para a constituição de uma relação de amizade. Convém notar que χάρις, kháris, ou a graça, não está circunscrita ao plano das amizades entre homens, mas também se manifesta na relação amorosa entre um homem e uma mulher. Sob essa perspectiva, ao tratar de uma relação conjugal, aquela estabelecida entre o marido e a mulher, Plutarco afirma: "Mas com as mulheres, esposas legítimas, está o princípio dessa amizade, tal a comunhão dos grandes ritos. E o pouco prazer, vindo dela, faz desabrochar a cada dia a honra, a graça, o carinho um pelo outro e a confiança." (*Diálogo do amor*, 769A), tradução de Maria Aparecida de Oliveira Silva (Op. cit.).

[58] Não sabemos ao certo a qual Metrodoro Plutarco está se referindo.

que imaginam trazer e dar movimento às composições, aos enredos e aos caráteres ao seu ouvinte. Por isso que a dona de casa bem-intencionada deve fugir e afastar-se do que é importante, de amigos e ostentação, mais que ter a arte de fazer amigos nos caráteres, nos modos de vida com graças junto ao seu marido, acostumando-o ao belo em vez de ao prazer. Mas quando alguma por natureza é severa, violenta e desagradável, o marido deve dominá-la, também como Fócion[59], que, quando Antípatro[60] preparou-se para a sua ação, não a realizando de forma bela nem conveniente, disse: "– Não poderias servir-te de mim como amigo e bajulador,"[61] do mesmo

---

[59] Político ateniense, 402-319 a.C., frequentou a Academia de Platão, foi um orador exemplar e eleito estratego por quarenta e cinco vezes, de 371 a 318 a.C. Plutarco redigiu uma biografia do político ateniense em sua obra conhecida como *Vidas Paralelas*.

[60] General macedônio que se tornou, em 335 e 334 a.C., vice-rei de Alexandre, o Grande, da Macedônia, morto em 319 a.C.; exerceu dura política contra os atenienses, visto que esses se mostravam inconformados com a dominação macedônica. Foi amigo do orador Isócrates e do filósofo Aristóteles e também acusado de conspirar para a morte de Alexandre, o Grande.

[61] Plutarco repete esta anedota em seu tratado *Como distinguir o bajulador do amigo*, 64C: "Portanto, também o amigo vai se afastar das coisas que não são convenientes; mas se não for convencido, belo é o que disse Fócion para Antípatro: 'Não poderias servir-te de mim amigo e bajulador', isso é para dizer que tem um amigo que não é um amigo.", tradução de Maria Aparecida de Oliveira Silva. In: Plutarco. *Como distinguir o bajulador do amigo*. Tradução, introdução e notas de Maria Aparecida de Oliveira Silva. São Paulo: Edipro, 2015.

modo deve-se avaliar a prudência e a severidade da mulher, "não posso conviver com ela como esposa e companheira".

30. Um costume pátrio era que as mulheres egípcias não usassem sandálias quando passassem o dia em casa. Mas porque a maior parte das mulheres retira a sandália dourada, as pulseiras, as vestimentas púrpura e de pérolas quando permanece em casa.

31. Teano[62], depois de envolver-se em seu manto, mostrou o braço. E quando alguém disse-lhe: "– O seu braço é belo", ela respondeu: "– Mas não é público.". Mas não somente o braço não deve ser público, mas também a palavra da mulher prudente, também que ela demonstre pudor e seja precavida quando desnudar sua palavra para um público externo; pois nela vemos o sentimento, o caráter e a disposição daquela que fala.

142D

---

[62] Esposa de Pitágoras, filósofo e matemático que viveu de 571 a 490 a.C., que dirigiu a Escola Pitagórica após a morte de seu marido, ao lado de seus filhos Telauge e Mnesarco.

32. Fídias[63] esculpiu a Afrodite dos eleatas pisando uma tartaruga com o pé, que é um símbolo do silêncio e do cuidado da casa para as mulheres. Pois a mulher deve conversar com o seu marido ou por meio do seu marido, não lhe causando aborrecimento se através de uma língua estrangeira, tal como um tocador de flauta, emite um som mais nobre.

33. Os ricos e os reis honram os filósofos e adornam a si próprios e àqueles, mas os filósofos, quando cuidam dos mais ricos, eles não os tornam de boa reputação, mas tornam a si próprios mais deploráveis. Isso acontece também com as mulheres. Pois quando se deixam dominar pelos maridos, elas são louvadas, mas se quiserem dominar mais que serem dominadas, caem em desgraça. Pois o marido deve dominar a mulher, não como um senhor de um bem, mas como a alma do corpo, nutrindo o mesmo sentimento e convivendo com afeição. Então, tal como é possível cuidar do corpo para que não seja escravizado pelos seus prazeres e desejos, do mesmo modo é possível governar uma mulher, quando se é prudente e agradável.

---

[63] Escultor, século V a.C., filho de Cármidas de Atenas. Fídias era considerado o mais engenhoso e talentoso escultor de seu tempo, fama que seguiu até à época romana. Dentre as Sete Maravilhas do Mundo Antigo, encontra-se a estátua de Zeus em Olímpia esculpida pelo ateniense.

34. Os filósofos dizem que umas coisas vêm separadas dos seus corpos, como uma frota e uma infantaria, e outras coisas vêm juntas para a casa e a nau, outras estão unidas e em uma natureza harmônica, como se passa com cada um dos seres vivos. Quase como um casamento, um é pela união e a harmonia natural dos amantes, o que for por causa dos dotes ou filhos, dos casados que dormem juntos por prazer, dos separados que foram reunidos, dos que consideram conviver um com o outro, mesmo não tendo uma vida em comum. E deve-se, tal como os físicos dizem dos líquidos que a mescla forma-se através do todo, do mesmo modo, os corpos, as riquezas, os amigos e os familiares dos casados devem ser misturados uns com os outros. Pois também o legislador romano proibiu aos casados que dessem e recebessem presentes uns dos outros, não a fim de que não partilhassem nada, mas a fim de que considerassem todas as suas coisas como comuns.

35. Em Léptis[64], uma cidade da Líbia[65], tem um costume pátrio que, no primeiro dia depois do casamento, a recém-casada envia uma mensagem à mãe do recém-casado para pedir uma panela de argila;

---

[64] Importante e rica cidade da Líbia conhecida dos romanos pelo nome de Lepcis Magna.

[65] Região localizada no Norte da África, que faz fronteira com o Egito.

mas ela não a envia e diz que ela não a tem, para que ela conheça desde o início que é peculiar à sogra e à madrasta, quando algo mais grave acontecer, que não se irrite nem sinta cólera. A mulher, conhecedora disso, deve ter cuidado com o pretexto; existe uma rivalidade da mãe com benevolência por ela. Mas um único cuidado desse sentimento em particular é, com afeição, colocar o seu marido contra ela, e que ele não seja mais controlado, sem que diminua sua atenção por sua mãe.

143B

36. As mães consideram amar mais os filhos para que eles possam ajudá-las, enquanto os pais, as filhas, para que elas necessitem ser ajudadas por eles; talvez ainda seja pela estima que um tem pelo outro[66]. Um demonstra claramente que quer ser mais saudado e amado, ser mais íntimo para outro. E talvez isso seja

---

[66] Embora Plutarco faça esta observação sobre a proximidade das mães com os seus filhos, em seu tratado *Do amor aos filhos*, ele trata da questão sobre a naturalidade do amor materno: "'nem cães amam seus cãezinhos pelo salário, nem cavalos seus potros, nem as aves suas crias, mas pelo dom, com naturalidade'", porque foi reconhecido pelos sentimentos de todos que foi bem falado e com verdade. É uma vergonha, ó Zeus, que há naturalidade e graça quanto a nascimentos, dores parturientes e sustentos entre as feras, enquanto elas existem entre os homens, porque recebem dívidas, salários e subornos por vantagens. Mas esse raciocínio nem é verdadeiro, nem digno de ouvir. (495A-B), tradução de Maria Aparecida de Oliveira Silva. In: Plutarco. *Do amor aos filhos*. Tradução, introdução e notas de Maria Aparecida de Oliveira Silva. São Paulo: Edipro, 2015.

143C ·
diferente, e isso seja encantador se a mulher estiver inclinada a ser cuidadosa mais por honra aos pais do seu marido que os dela própria, ainda que lhe cause alguma dor, transmitindo-a para eles, e escondendo-a dos seus próprios pais. Pois torna-se confiável para parecer confiável, e ama para ser amada.

37. Os estrategos[67] anunciavam aos que estavam do lado de Ciro[68] que eles recebessem os inimigos em silêncio, embora aqueles avançassem gritando, que eles ficassem em silêncio, enquanto os outros os atacassem com gritaria. E as mulheres que são prudentes, nos momentos de cólera dos maridos que gritam, elas ficam tranquilas, silenciam-se, para conversar, contar história para que eles fiquem mais calmos.

143D ·
38. Eurípides[69] corretamente acusa os que utilizam lira no banquete; pois deveria se invocar mais a música contra a cólera e a dor que afrouxar com

---

[67] Nome dado aos generais do exército grego.

[68] Rei da Pérsia entre 559-530 a.C., recebeu o epíteto de "o Grande" por ter conquistado todos os povos vizinhos e fundado o Império Aquemênida, o maior de seu tempo.

[69] Tragediógrafo grego, 480-406 a.C., nasceu na ilha de Salamina, região da Ática, no dia da batalha naval travada ali contra os persas. A data mais provável é 29 de setembro. Sobre a batalha na ilha, consultar Heródoto, *Histórias*, VIII. No teatro, Eurípides celebrizou-se pela invenção de um expediente cênico conhecido como *Deus ex machina*,

aqueles que estão envolvidos nos prazeres. Portanto, vós considerais que cometem um erro quando deitam juntos pelo prazer, mas quando se tornam coléricos e têm alguma divergência, dormem afastados, e nesse momento não é mais Afrodite que evocam, que é a melhor médica de tais sentimentos. Como certa altura o poeta ensina ao compor Hera dizendo:

143E
> E abandonar suas novas confusões no leito
> deitando-se para harmonizá-los com o amor.[70]

39. E também a mulher deve evitar sempre, de todo modo, ofender o seu marido e o seu marido à sua mulher, e precaver-se mais de fazer isso no momento em que se deitam e dormem juntos. Pois a mulher que tinha dores de parto e estava irritada dizia aos que queriam se deitar com ela: "– Como a cama cuidaria disso, se isso originou-se na cama?". Mas a cama origina as divergências, acusações e cóleras; não são fáceis de serem destruídas em outro lugar e em outro tempo.

---

em que o desfecho do drama ocorre de forma inesperada, com a intervenção de uma divindade.

[70] Versos adaptados da *Ilíada* de Homero, consultar Canto XIV, 205 e 209.

40. Hermíone[71] parece dizer uma certa verdade quando afirma que:

143F · *as visitas das más mulheres destruíram-me.*[72]

Mas isso não é um acontecimento simples, ao contrário, quando tais mulheres têm divergências e rivalidades com os seus maridos, não abrem somente as portas, mas também os ouvidos. Portanto, por isso a mulher prudente deve mais fechar os seus ouvidos e precaver-se das maledicências à voz baixa, a fim de que se gere fogo sobre fogo, e ter a fala espontânea de Filipe. Pois conta-se que ele, após ter sido provocado por seus amigos contra os gregos, porque passavam bem e ainda assim falavam mal dele, Filipe disse: "– O que aconteceria então, se lhes fizéssemos mal?". Então, quando as mulheres soltam suas acusações dizendo que: "– O teu

144A · marido machuca-te, mesmo amando-o e sendo prudente", "o que aconteceria então, se começasse a odiá-lo e a cometer injustiças contra ele?".

---

[71] Filha única de Menelau e de Helena, reis de Esparta. Segundo a tradição Hermíone era casada com Neoptólemo, filho de Aquiles. Porque não ainda haviam gerado um filho, Neoptólemo foi a Delfos consultar o Oráculo de Apolo quando foi emboscado e morto, ocasião em que Orestes, filho de Agamêmnon e de Clitemnestra, desposou-a.

[72] Eurípides, *Andrômaca*, 930.

41. Quando ele viu o fugitivo de algum tempo, perseguiu-o, mas como ele fugiu antecipando-se para um moinho, ele disse: "– Mas onde mais eu quereria te encontrar, senão lá?". Portanto, uma mulher que, por rivalidade, escreve uma carta de separação e leva uma vida penosa, que diga a si mesma: "– Onde a minha rival sentiria mais prazer e o que faria ou que sofreria ao me ver em sentimento de discórdia com o meu marido e abandonando a minha própria casa e o meu leito nupcial?".

144B

42. Os atenienses celebram três ritos sagrados: o primeiro em Esciro[73], porque é a recordação da mais antiga das colheitas; o segundo na Raria[74], e o terceiro no sopé da cidade[75] chamada Busigio[76]. Dentre todas essas festividades, a mais sagrada é a do casamento

---

[73] Cidade localizada próxima a Atenas, situada no caminho de Elêusis. Trata-se das Escifórias, festivais realizados em honra da deusa Atenas ou das deusas Deméter e Perséfone.

[74] Cidade situada entre Atenas e Elêusis, conhecida por ter sido a terra-natal do mítico rei ateniense Rarus.

[75] Trata-se de Elêusis, cidade conhecida por seu culto a Deméter e Perséfone, onde a deusa iniciou seus ritos denominados Mistérios de Elêusis.

[76] Trata-se das Busígias, festividades celebradas pelos camponeses da cidade em honra do herói epônimo Busígio (Βουζύγιος), *Bouzýgios*, que deriva de βούς (*boús*), "boi", e ζῦγος (*zýgos*), "jugo". Segundo a tradição, Busígio teria sido o primeiro a trabalhar com os bois atrelados, conforme sugere o seu nome.

fértil e fecundo para a procriação de filhos. Sófocles compôs bem Afrodite ao chamá-la de "fértil de Citera"[77],[78]. Por isso, a mulher e o marido devem, sobretudo, utilizar isso com atenção, se mantiverem um ao outro puros de companhias ímpias e ilegais, para que não semeiem nada de onde eles não queiram que nasça nada, e ainda que nasça um fruto do qual eles se envergonhem e escondam.

144C
43. Quando o orador Górgias[79] estava lendo o seu discurso sobre a concórdia aos gregos em Olímpia[80], Melântio[81] disse: "– Esse aconselha-nos a respeito da concórdia, que não persuade a si mesmo, a sua mulher e a sua serva, em particular, aos três permanecerem concordes.". Pois, como parece, era uma serviçalzinha o amor de Górgias, e sua mulher nutria

---

[77] Ilha grega que integra o complexo de ilhas iônias, está situada ao sul da Península do Peloponeso, onde conforme o seu mito, Afrodite teria passado logo depois de ter nascido das espumas do mar.

[78] Sófocles. Peça desconhecida. Nauck, *Trag. Grae. Frag.*, n. 763.

[79] Natural de Leontino, cidade localizada na Sicília, 485-380 a.C., Górgias destacou-se por sua excepcional capacidade oratória, daí ter sido reconhecido professor de retórica. O orador pertence à primeira geração de sofistas. Há um diálogo homônimo de Platão em que o filósofo apresenta particularidades de sua arte retórica.

[80] Cidade localizada ao norte da Península do Peloponeso onde eram realizados a cada quatro anos os Jogos Olímpicos.

[81] Não dispomos de mais informações sobre esta personagem.

rivalidade com ela. Portanto, deve-se estar bem ajustado em casa para no futuro harmonizar a cidade, a ágora e os amigos. Pois os erros das mulheres, aparecem mais que os erros contra as mulheres, que passam despercebidos para a maioria.

44. Se, como um gato se irrita e enlouquece com o odor das mirras, como dizem, do mesmo modo, as mulheres que se irritam e enlouquecem quando encontram mirras, seria terrível se o seu marido não a aceitasse sem a mirra, mas pelo prazer dele ignorasse o fato de que sua mulher passa tão gravemente mal. Mas, uma vez que elas sofrem por isso, não porque seus maridos usam mirra, mas por ter relações sexuais com outras, é injusto que as mulheres, por causa de um breve prazer, sintam tanta dor e fiquem irritadas; como as abelhas (porque se opõem e combatem aqueles que ficam com essas mulheres); e que os homens não se aproximem de suas mulheres ingênuas e puras de outras relações sexuais depois que tiverem relações sexuais com outras.

144D

45. Aqueles que se aproximam dos touros com elefantes sem trajar vestimentas brilhantes, nem púrpuras; pois estes animais são irritados por essas cores mais do que as outras espécies; mas dizem que os tigres, quando cercados por sons de tambores, enlouquecem completamente e se despedaçam entre si.

144E

Portanto, visto que os maridos trajam-se com vestes escarlate e púrpura, quando eles os veem ficam irritados, e outros ficam incomodados com címbalos e tambores, seria algo terrível se as mulheres se afastassem dessas coisas e não ficassem perturbadas nem se irritassem com os seus maridos, mas que convivessem com eles com tranquilidade e alegria?

144F · **46.** Uma mulher, depois de ouvir que Filipe a arrastaria, disse: "– Solta-me! Toda mulher é a mesma quando a lamparina é apagada". Está bem respondido para os adúlteros e licenciosos, a esposa legítima não deve ser semelhante às mulheres que surgem ao acaso, mas mostrar seu corpo liberando luminosidade, ainda que não se veja, e a sua prudência, a sua disposição e a sua afeição particular ao seu marido.

145A · **47.** Platão costumava aconselhar, sobretudo aos mais velhos, que "mostrassem pudor diante dos jovens", a fim de que eles também tivessem pudor diante deles; pois "onde os velhos sentem pudor", nenhum pudor nem reverência nascem entre os jovens. O marido deve se lembrar disso e que não respeite nenhuma mulher mais que a sua mulher, como o leito nupcial lhe ensinará a ser disciplinada e recatada. Ele se alegra em ter prazer, os mesmos prazeres que não permite à sua mulher desfrutar, não difere em nada daquele que ordena à mulher lutar contra os inimigos para os quais ele próprio se rendeu.

48. Sobre o amor aos adornos, tu, Eurídice, depois de ler as palavras escritas por Timôxena[82] para Aristula[83], que tente recordá-los! Tu, Poliano, não penses que tua mulher irá abandonar a futilidade e as grandes despesas, se ela vir que tu não a negligencias nessa e em outras coisas, mas que te comprazes com as peças adornadas em ouro, as pinturas das casas, os ricos adornos dos asnos e os colares dos cavalos. Pois não é possível erradicar o luxo voltado para as despesas femininas em meio ao luxo das despesas masculinas.

Tu também já estás na tua hora certa para filosofar e adornar o teu caráter com os que discursam com demonstração e argumentação, visitando-os e preenchendo-te com aqueles que te são úteis; e reunindo de todo lugar o que é útil à tua mulher, tal como as abelhas, e levando a ti mesmo em ti mesmo, compar-

---

[82] Provavelmente trata-se de sua esposa Timôxena. Sabemos que sua mulher se chama Timôxena, pelo seu tratado *Consolação à Esposa*, que Plutarco escreveu para aliviar seu sofrimento com a filha, porque estava ausente na ocasião.

[83] Não dispomos de mais informações sobre esta personagem.

tilha e discute sobre o que é útil com ela, tornando-vos amigos neste momento e acostumando-te com os melhores discursos.

145C · Pois és "um pai" para ela, "também a soberana mãe e um irmão"[84]; não menos importante é ouvir a esposa legítima dizendo: "– Marido. Pois bem, tu és meu irmão, meu filósofo, meu professor das coisas mais belas e divinas."[85]. E lições desta natureza primeiro afastam-na das ações absurdas; pois uma mulher que está aprendendo geometria sentirá vergonha de dançar, e não admitirá poções encantadoras, seguirá encantada pelas palavras de Platão e Xenofonte[86]. E se uma qualquer prometer tirar a lua do alto do céu, ela rirá da ignorância e da tolice das mulheres que acreditam nessas coisas, sem nem ter ouvido nada sobre astrologia, nem ouvido

---

[84] Adaptação dos versos 429-430 do Canto VI, da *Ilíada*, de Homero, quando Andromeda conversa com seu marido Heitor.

[85] Mais uma adaptação do verso 429 do Canto VI, da *Ilíada*, de Homero.

[86] Escritor e soldado mercenário, 430-355 a.C. Filho de Grilo, não se sabe o nome de sua mãe, foi amigo de Sócrates na juventude, a quem dedicou uma obra intitulada *Apologia de Sócrates*. Admirador de Esparta, Xenofonte lutou no exército espartano ao lado do rei Agesilau, para quem escreveu um encômio, mas antes serviu como soldado mercenário no exército de Ciro, quando participou da famosa travessia dos dez mil, que registrou em sua obra *Anabasis*.

nada sobre Aglaonice[87], filha de Hegétor[88] da Tessália, que era experiente em eclipses da lua cheia e por prever o período durante o qual ocorreriam, nesse momento em que acontece de a lua cheia ser encoberta pela sombra da Terra, enganava e convencia as mulheres que ela própria havia baixado a lua[89]. Pois conta-se que nenhuma mulher naquela ocasião gerava uma criancinha sem a participação do seu marido, e os embriões deformados, repugnantes, que são combinados em si mesmos e por isso recebem essa corrupção, que se chama cisto[90]. Pois se elas recebem as sementes dos discursos úteis nem partilham sua educação com os seus maridos, elas próprias, conforme elas mesmas, concebem muitas coisas estranhas, vontades e sentimentos insignificantes. E tu, Euridice, tente especialmente ser íntima dos preceitos dos sábios e dos bons, e sempre saber de cor as suas falas; também quando eras virgem as aprendia conosco, para que sejas prudente com o teu marido, não fique assustada por causa das outras

---

[87] A primeira mulher astrônoma da Grécia, séculos I-II a.C., que tinha a fama de ter retirado a lua do alto do céu. Plutarco conta, em seu tratado *Do declínio dos oráculos*, 416F, que as mulheres da Tessália tinham a fama de controlar a lua, e no parágrafo seguinte cita este episódio de Aglaonice (417A).

[88] Não dispomos de mais informações sobre esta personagem.

[89] Entre os antigos gregos, acreditava-se que as mulheres da Tessália haviam desenvolvido um feitiço especial que lhes possibilitava retirar a lua do alto do céu. Aristófanes em sua comédia *As nuvens*, 749, e Platão em seu diálogo *Górgias*, 513a, entre outros, já registraram tal crença.

[90] Formação de tumores nas paredes do útero feminino, em grego μύλας (*mýlas*), acusativo plural de μύλη (*mýlē*), que significa "dente molar".

mulheres, do mesmo modo adornar-te com refinamento e notabilidade, sem que nada te falte. Pois as pérolas das mulheres ricas e as vestes de seda da mulher estrangeira não são capazes de tomar nem de os manter sem que comprem por uma grande quantia de dinheiro, mas os adornos de Teano[91], de Cleobulina[92],

145F Gorgo[93], mulher de Leônidas[94], Timocleia[95], irmã de

---

[91] Esposa de Pitágoras.

[92] Filha de Cleóbulo, considerado um dos Sete Sábios da Grécia. Os Sete Sábios era uma lista com os nomes dos homens mais sábios da Grécia antiga; em sua maioria, políticos do século VI a.C. A primeira referência aos nomes que compunham a lista dos Sete Sábios aparece no diálogo platônico intitulado *Protágoras*, 343e-343b, quando reflete sobre a natureza da educação espartana. Com pequenas variações, a lista era composta pelos seguintes nomes: Tales, Pítaco, Bias, Cleóbulo, Sólon, Quílon e Periandro. O mito originou-se com uma trípode de ouro encontrada no mar jônio, a qual um oráculo determinou que fosse entregue ao homem mais sábio. Então, ela foi enviada a Sólon, que depois a passou para Pítaco e assim sucessivamente; quando atingiu o número de sete, ofereceram-na ao deus Apolo.

[93] Filha de Cleômenes, rei de Esparta, esposa de Leônidas.

[94] Rei Ágida de Esparta, século V a.C., notabilizou-se pela sua participação na Batalha das Termópilas em 480 a.C., episódio narrado por Heródoto, *Histórias*, VII, 239.

[95] Na biografia de Alexandre, Plutarco relata o saque dos trácios em Tebas, destacando que alguns soldados e seu general invadiram a casa de Timocleia e que, por ela ser muito bela e de atraente porte, logo foi violada pelo comandante. Após concluir o ato desonroso, o general lhe perguntou onde escondia seu ouro e sua prata, quando foi atraído por ela para a borda de um poço, sob a alegação de que ali escondera sua riqueza; ela então o empurrou para dentro do poço e o cobriu de pedras. Por isso, foi acorrentada e levada à presença de Alexandre para que fosse julgada. Ao vê-la, Alexandre percebeu que se tratava de uma mulher de boa estirpe e muito corajosa, pois não demonstrava qualquer medo; tais qualidades o levaram a admirá-la e a absolvê-la (*Vida de Alexandre*, XII, 1-6).

Teagenes[96], Cláudia[97], a antiga, e Cornélia[98], filha de Cipião[99], e quantas se tornaram admiráveis e famosas, e esses dotes são permitidos que ela os use, ficar adornada com eles, viver com boa reputação e feliz. Pois se Safo[100], por causa da sua bela composição em versos mélicos, considerava-se em alta conta, de modo que escreveu para uma mulher rica,

---

[96] Não dispomos de mais informações sobre esta personagem.

[97] Vestal romana acusada de ter mantido relações sexuais com um homem, o que era proibido, visto que a vestal jurava castidade. A anedota sobre o episódio é que durante a fuga de Cláudia, a vestal encontrou um navio encalhado com a estátua da deusa Cibele; para provar sua inocência e castidade, ela amarrou a corda do navio na sua cintura e o desencalhou do rio Tibre.

[98] Século II a.C., filha de Cipião Africano, que a casou com Tibério Semprônio Graco, e juntos geraram os irmãos Graco, ambos biografados por Plutarco.

[99] Públio Cornélio Cipião, conhecido por Cipião Africano, século II a.C., conquistador da Espanha, da África e da Ásia Menor, exerceu grande influência no pensamento de expansão do Império Romano. Cipião não era de origem aristocrática, mas sim um homem do povo que tinha excepcionais habilidades militares. Aos vinte e seis anos ocupou o alto cargo de procônsul da Espanha em 210 a.C., e em 206 a.C. foi responsável pela expulsão dos cartagineses da Espanha, quando derrotou o grande general Aníbal, que seria novamente derrotado por Cipião em 202 a.C. na Batalha de Zama, no Norte da África. Em razão desta surpreendente vitória, Cipião recebeu o epíteto de Africano.

[100] Poeta grega nascida em Mitilene, capital da ilha de Lesbos, século VII a.C.

> *Depois de morta, jazerás,*
> *e nenhuma lembrança de ti haverá;*
> *pois não partilhas das rosas de Piéria*[101],[102]

como não te será mais possível superestimar-te com grandeza e brilho, se participas não somente das rosas, mas também dos frutos, dos quais as Musas produzem e alegram aqueles que ficam admirados com a educação e a filosofia?

---

[101] Região grega localizada na Macedônia, conhecida por abrigar o Monte Hélicon, a morada de todas as Musas.

[102] Bergk, *Poet. Lyr. Graec. Safo*, n. 68.

BIBLIOGRAFIA

Edições e traduções consultadas

ARISTOTLE. *Politics*. Translated by H. Rackham. Cambridge: Harvard University Press, 1967.

PLUTARCH. *Advice to Bride and Groom. Moralia*. v. II. Translated by Frank Cole Babbitt. Cambridge: Harvard University Press, 2005.

PLUTARCO. *Como distinguir o bajulador do amigo*. Tradução, introdução e notas de Maria Aparecida de Oliveira Silva. São Paulo: Edipro, 2015.

_____. *Como tirar proveito dos seus inimigos*. Tradução, introdução e notas de Maria Aparecida de Oliveira Silva. São Paulo: Edipro, 2015.

_____. *Da abundância de amigos*. Tradução, introdução e notas de Maria Aparecida de Oliveira Silva. São Paulo: Edipro, 2016.

_____. *Da educação das crianças*. Tradução, introdução e notas de Maria Aparecida de Oliveira Silva. São Paulo: Edipro, 2015.

_____. *Da malícia de Heródoto*. Tradução, estudo e notas de Maria Aparecida de Oliveira Silva. São Paulo: Edusp, 2013.

_____. *Deberes del matrimonio*. Traducción, Introducción y Notas por Morales Otal y José García López. Madrid: Editorial Gredos, 1986.

_____. *Diálogo do amor*. Tradução, introdução e notas de Maria Aparecida de Oliveira Silva. São Paulo: Martin Claret, 2015.

PLUTARQUE. *Préceptes de mariage. Ouvres Morales*. Tome II, 10-14. Texte établi et traduit par Jean Defradas, Jean Hani et Robert Klaerr. Paris: Les Belles Lettres, 1985.

Livros e artigos

BUSZARD, Bradley. "The Speech of Greek and Roman Women in Plutarch's Lives". Classical Philology, v. 105, n. 1, 2010, p. 83-115.

CASTAGNA, Luigi. "Pindaro in Plutarco". In: D'IPPOLITO, Gennaro; GALLO, Ítalo (Orgs.). *Strutture Formali dei "Moralia" di Plutarco. Atti del III Convegno plutarcheo Palermo, 3-5 maggio 1989*. Napoli, M. D' Auria, 1991, p. 163-185.

FERREIRA, J. R. (Coord.). *Atas do Congresso Plutarco Educador da Europa, 11 e 12 de novembro de 1999*. Coimbra: Fundação Eng. António de Almeida, 2002.

PUECH, Barbara. "Prosopographie des amis de Plutarque". *Aufstieg und Niedergang der römischen Welt*. Band 33.6, 1992, p. 4829-4893.

SILVA, Maria Aparecida de Oliveira. *Plutarco e Roma: mundo grego no império*. São Paulo: Edusp, 2014.

_____. *Plutarco historiador: análise das biografias espartanas*. São Paulo: Edusp, 2006.

WALCOT, Peter. "Plutarch on Sex". *Greece & Rome*, v. 45, n. 2, 1998, p. 166-187.